Let's Play Coaching

코칭 큐브

Let's Play Coaching

코칭 큐브

ⓒ 정요섭, 2017

초판 1쇄 발행 2017년 1월 4일
　　2쇄 발행 2022년 12월 7일

지은이　　정요섭
펴낸이　　이기봉
편집　　　좋은땅 편집팀
펴낸곳　　도서출판 좋은땅
주소　　　서울특별시 마포구 양화로12길 26 지월드빌딩 (서교동 395-7)
전화　　　02)374-8616~7
팩스　　　02)374-8614
이메일　　gworldbook@naver.com
홈페이지　www.g-world.co.kr

ISBN　979-11-5982-610-8 (13320)

Let's Play Coaching
코칭 큐브

정요섭 지음

성장과 변화의 여정 가운데 있는 사람을 더 잘 돕는 코칭리더십 구비

코칭철학과 패러다임에 의한 인간 상호관계의 회복과 신뢰성 구축

코칭스킬을 통한 소통역량 강화

좋은땅

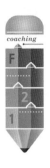

환영합니다.

환영합니다.

사람이 온다는 것은 실은 어마어마한 일이다.

그는 그의 과거와 현재와

그리고 그의 미래와 함께 오기 때문이다.

한 사람의 일생이 오기 때문이다.

– 정현종 시인 〈방문객〉

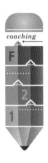

◈ 목 적

· 코칭에 필요한 모델을 이해하고

· 코칭큐브와 웨이(W.A.Y.)모델을 활용하여 코칭세션을 운영함으로

· 자신과 고객을 더 잘 돕는 신뢰로운 전문코치가 된다.

◈ 내 용

· 코칭대화모델

· 코칭큐브 W.A.Y.모델

· 코칭의 공간

　– W.A.Y. 주제, 계획, 다움

· 실행의 공간

　– 균형, 지속

· 네 가지 성찰

　– 준비, 멈춤, 공유, 일지

◈ 방 법

· 설명 / 데모 / 실습

· 체험 * 실습 * 연습

　　　　* 체험보다 더 좋은 학습은 없습니다.

◆ 이런 사연, 저런 의미

1	2	3	4	5
6	7	8	9	10
11	12	13	14	15
16	17	18	19	20
21	22	23	24	25

* 각각의 숫자는 나와 어떤 연관이 있나요? 그 숫자는 나에게 어떤 의미인가요?

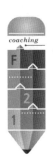

◈ 변화와 성장의 W.A.Y. : 따로 또 같이

1. '나는 더 잘 돕는 사람이다.' 나는 그런 나를 얼마만큼 인정하고 있나?

   그 자리는 어떤 자리이고 어떤 의미인가?

2. '더 잘 돕는 사람' 이라는 것이 나에게 얼마만큼 간절/중요한가?

   그 자리는 어떤 자리이고 어떤 의미인가?

3. '이렇게 되고 싶다/될 것이다.' 그 모습에 대한 비전은 얼마나 선명한가?

   그 자리는 어떤 자리이고 어떤 의미인가?

4. '이렇게 하면 된다.' 나의 실행 계획은 얼마나 확실한가?

   그 자리는 어떤 자리이고 어떤 의미인가?

이 경험을 통해 당신은 무엇을 발견했나?

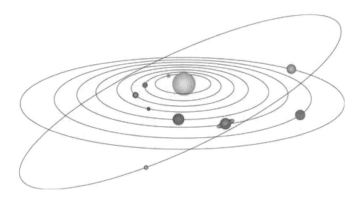

◆ 코칭 인터뷰

– 당신은 어떤 리더(코치)로 성장하고 있나요? –

① 2인 1조가 되어 A와 B를 정한다.

② A가 먼저 코치가 되어 B를 코칭한다.

③ A는 '어떤 리더(코치)로 성장하고 있나요?'로 질문하며 10분간 코칭한다.

④ A는 최대한 B를 공감하고 격려하고 인정하고 칭찬한다.

⑤ 10분 후 신호에 따라 역할을 바꾸어 B가 A를 10분간 코칭한다.

⑥ B는 최대한 A를 공감하고 격려하고 인정하고 칭찬한다.

⑦ 5분간 상호 피드백을 나눈다.

⑧ 5분간 전체 피드백을 나눈다.

– 적극적 경청 공식 –

눈 맞추고

미소 짓고

끄덕끄덕

아하~, 음~, 헐~

그랬구나, 그랬겠다.

이거라는 말이죠?

그래서요?

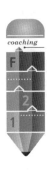

◈ 나의 이슈 – 코칭을 받고 싶은 주제

이슈 1

이유 1

이슈 2

이유 2

코칭큐브 W.A.Y.모델

학습목표

이 과정을 학습하고 나면

① 코칭모델의 의미와 원리를 안다.

② 코칭모델과 코칭보드를 코칭에 활용할 수 있다.

③ 코칭모델을 코치 스스로에게 적용한다.

1) 코칭대화모델

다양한 코칭대화모델

· GROW모델

· W.A.Y.모델

· 그 외에 우리가 배운 모델은 무엇인가?

코칭대화모델 간의 공통점과 차이점

코칭대화모델은 어떤 점에서 중요할까?

Coaching Process, Coaching Presence

· 코칭 프로세스(Coaching Process)

코칭을 이끌어가는 정형화된 절차.
작게는 한 세션을 이끌어가는 코칭대화모델을 의미하기도 하고, 크게는 코칭을 위한 고객과의 첫 만남에서 코칭만남이 종료될 때까지의 모든 과정을 아우르는 개념으로 사용된다.

· 코칭 프레즌스(Coaching Presence)

온전한 코치로서 고객과 함께하기
코치는 개방적이고 유연하며 자신감 있는 태도와 자세로 고객과 마음에서 우러나는 자연스러운 관계를 만들어 내며 완전히 의식이 있는 상태에 머물러 있는 능력이 있어야 한다.

코칭을 진행하면서 코치는 코칭 프로세스와 함께 코칭 프레즌스를 갖고 있어야 한다. 하지만 가끔 한쪽에 빠져서 다른 하나를 잃어버리기도 하고, 코치가 자신에게 몰입을 하다 보면 때로 둘 다를 놓치기도 한다. 어떻게 하면 둘 다를 잡을 수 있을까?

그냥 소개하기

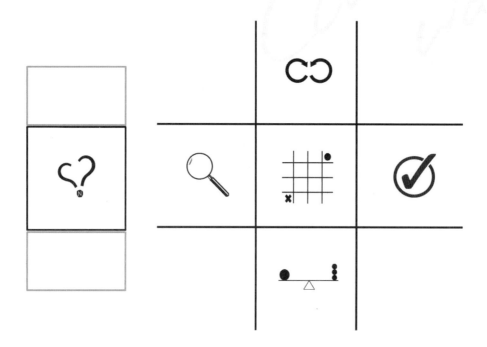

그림이 하는 말은?

· 둘씩 짝을 지어 보자. 한 사람은 A, 다른 사람은 B이다.
· A는 그림 중에서 3가지를 골라 B에게 하나씩 질문한다.
· B는 그림을 보고 떠오르는 대로 A에게 설명한다.
· 잠시 후 B가 A에게 3가지를 질문하고, A가 B에게 설명한다.

실습

① 2인 1조로 A와 B를 정한다.
② A가 먼저 보드를 활용하여 B를 코칭한다.(15분)
  – 간단하게 보드를 설명한다.
  – 어떤 이야기를 나눌지 질문한다.
  – 코칭한다. : 삶의 자리 -> Want -> Action Plan -> Your Way …
③ 순서를 바꾸어 B가 A를 코칭한다.
④ 아래의 프로세스를 작성한다.
⑤ 함께 피드백을 나눈다.

Coaching W.A.Y. Process

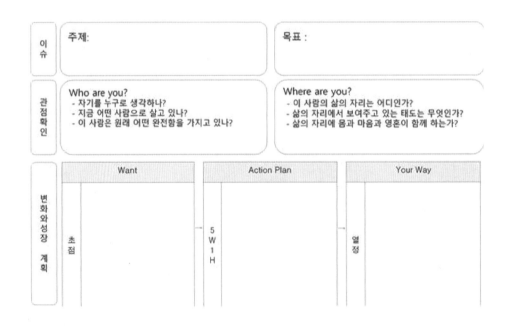

2) 코칭큐브 W.A.Y.모델

코칭리더십의 3가지 힘

① 존재의 힘

· 자기인식
· 자기이해
· 자기인정

② 경청의 힘

· 고객을 듣기
· 고객을 위해 듣기
· 고객과 함께 듣기
· 경청을 돕는 질문

③ 절차의 힘

· 할 줄 아는 것 vs. 할 줄 모르는 것
· 절차의 밀당
· 모르는 곳을 발견하기
· 존재의 진가와 성과가 드러나는 여정

(1) WAY(누구)

코칭은 컨설팅이나 기타 문제 해결을 돕는 영역과 다른 뚜렷한 차별점이 있다. 고객이 가진 이슈를 도와 현재의 상태에서 벗어날 수 있도록 돕는 것뿐만이 아니라 그 이슈를 가진 고객을 주목하고 있는 것이다. 고객이 어떤 사람인지, 고객의 삶의 자리가 어디인지를 함께 살펴본다는 것은 심리적 물리적 위치뿐만이 아니라 고객의 패러다임에 주목하는 것이다. 패러다임이 달라지면 문제를 보는 관점과 해결방법도 달라진다.

① 나는 누구인가?

자기인식

· 나는 자기를 어떤 사람이라고 인식하고 있나?
· 코치는 고객을 어떤 사람이라고 인식하고 있나?
· 우리가 더 알아야 할 것은 무엇인가?

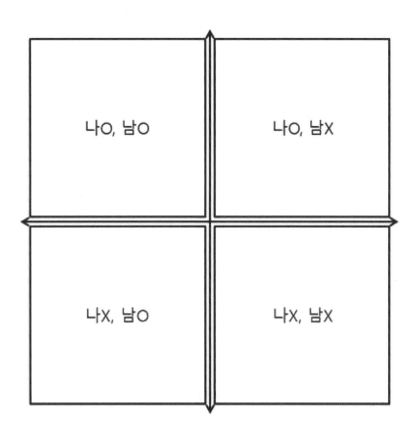

자기이해

· 수박과 만두의 이야기

  그럴 수밖에 없었던 내 삶의 이야기
  그럴 만두하다고 느끼는 내 삶의 이야기

· 내가 화가 나는 이유

  내가 가진 기대
  내가 가진 가치
  '나처럼 해 봐라 이렇게?'

· 나의 행동유형적 특징

  주도적인
  사교적인
  안정적인
  정확하게

· 나는 _____, _____, _____ 이 탁월한

  _____ 적인(한) 사람입니다.

· 그럼에도 불구하고 나는 누구인가?

‘괜찮아.’ 라고 말해 주어야 할 나

‘고마워.’ 라고 말해 주어야 할 나

‘부탁해.’ 라고 말해 주어야 할 나

자기인정

인디언에게 전해 내려오는 '두 마리의 늑대'에 관한 이야기가 있다. 자신의 마음속에 있는 두 마리의 늑대 중에서 힘이 센 늑대는 자신이 먹이를 더 주었던 늑대였다. 지금의 나는 나의 수많은 모습 중에서 내가 먹이를 주듯 인정하고, 선택하고, 수용했던 모습이다. 나는 어떤 나를 인정하고 있었나? 어떤 자신을 인정해야 할까?

· 0점 조율

· 내 안의 나침반

· 나에게 어울리는 형용사(나만의 단어로)

나를 인정하고 즐기는 나만의 의식(儀式)

② 나는 어디에 있는가?

나의 삶의 자리

	월	화	수	목	금	토	일
신체적 자리							
정서적 자리							
역할의 자리							
성과의 자리							
영성의 자리							

· 물리적인 이동
· 감정적인 흐름
· 정서적인 변화
· 역할에 따른 관계도
· 여러 가지 활동
· 성과달성의 정도
· 기타

각각의 자리에서 스스로 물어볼 것

· 오감(+@)의 체험 – 보고, 듣고, 말하고, 느끼고, 맛보고, 기분 등

· 행동 – 한 것, 하려는 것, 안 한 것, 안 하려는 것 등

· 기대 – 생각만인가, 구체적인 기다림인가, 근거가 있는 기대인가 등

· 협력자 – 누구 옆에 있나? 협력적/비협력적인 사람, 사물, 시스템 등

· 익숙함 – 자연스러운 것, 신경을 쓰지 않아도 쉽게 되는 것 등

· 불편함 – 참고 있는 것, 무시하고 있는 것, 인지하지 못한 불편 등

· 비유 – 지금을 표현할 수 있는 다양한 비교, 비유, 은유 등

· No, No, No – 내가 알고 있는 것이 아니라면, 그것도 아니라면?

· Yes, But~ – 그렇군요. 그런데 ~ ?

· Yes, And~ – 그렇군요. 그리고 ~ ?

· 가치 – 적용되는 가치, 요구되는 가치, 자신이 주장하는 가치 등

· 시스템/문화 – 내 안과 밖에 어떤 시스템/문화가 있나? 등

· 지침 – 이 상황에 적용할 수 있는 지침, 다음을 위한 매뉴얼 등

· 교훈 – 배운 것, 남길 것, 기억할 것 등

"그래서 지금 진짜 당신은 어디에 있나요?"

맥락적인 관점

· 이야기 9마당

· 미운오리새끼[1] 이야기를 9단위로 나눈다면?

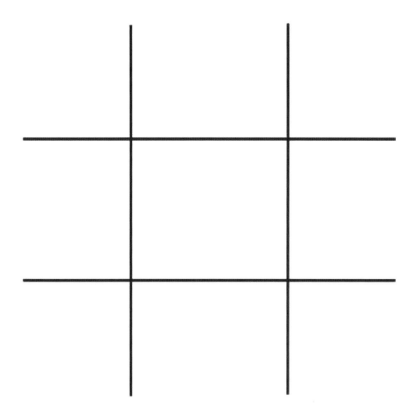

– 스토리보드 만들기(7 ± 2)

----
1) 고객이 좋아하는 다른 이야기로 바꿀 수 있다.

· 공간을 창조하기

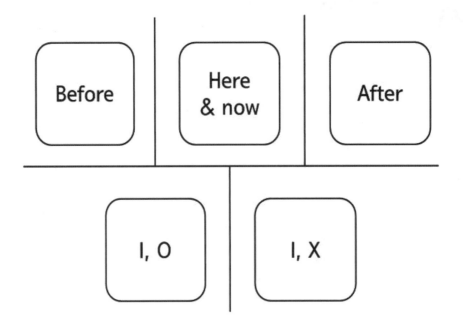

· 그래서 지금 이 자리는 어떤 자리인가?

있어야 할 곳에서 있어야 하는 때, 바르게 내가 있다면
내가 여기에서 무엇을 하는 걸까?

③ 정리와 종합

· 나는 누구, 여긴 어디?

· 분명해 진 것

· 궁금해 진 것

· 모호해 진 것

· 연결고리 – "다음 역은 어디일까요?"

도움이 되는 질문

가장 자랑스러운 당신은 어떤 사람인가요?

당신은 어떤 사람이 되고 싶나요?

당신답다는 것은 어떤 모습인가요?

당신의 (감정/기분/성과/열정)의 자리는 어디인가요?

누가 그것을 운전하고 있나요?

당신의 삶의 자리는 꿈(목표)과 얼마만큼 가까운가요?

당신의 삶의 자리를 무엇에 어떻게 비유할 수 있나요?

당신의 삶에서 추구하는/피하려는 모습은 무엇인가요?

그것을 바라보고 있는 당신은 누구입니까?

가족/사람들/자신의 눈 속에 있는 당신은 어떤 사람인가요?

당신은 지금 어디로 가고 있나요?

당신이 있는 곳과 있어야 할 곳은 어떤 차이가 있나요?

(2) 주제(Want, 무엇)

고객이 대가를 지불하면서 코치에게 코칭을 받으려는 것은 해결하고자 하는 뭔가가 고객에게 있기 때문이다. 하지만 무엇 때문에 힘들다 하는 고객의 이야기가 반드시 해결해야 하는 것과 일치하지 않을 때가 있다. 해결하고 싶은 이슈와 해결되어야 할 중요한 것이 서로 다를 때가 있지만 고객 스스로도 그것이 무엇인지 모를 때가 있다. 코치는 고객의 말과 함께 고객에게 주의하여야 하며, 고객과 고객의 말로부터 고객이 정말 해결하기를 원하는 것이 무엇인지 함께 발견해야 한다.

① 주제

주제를 선명하게

· 주제는 내비게이션의 주소
  스테이크를 주문할 때 우리는 '맛있는 고기 주세요.'로 끝나지 않는다. 구체적으로 어떤 고기의 어느 부위, 양과 굽기 정도를 확인한다. 마찬가지로 주제도 주어진 시간 안에 요리(코칭)할 수 있도록 초점을 맞추어야 한다. 코치와 고객이 같은 이야기를 진행할 수 있도록 조율이 필요하다. 주소가 분명할수록 목적지에 정확하게 도착하기 쉽다.

  "건강에 관해서 이야기하고 싶어요."
  "구체적으로 말씀해 주시겠어요?"
  "그중에 어떤 이야기를 하면 좋을까요?"
  "한 가지만 다룬다면 어떤 것일까요?"

· 욕구를 점검하라.(Needs가 없는 Want는 없다.)
  하고 싶은 뭔가는 그 안에 이루고 싶은 근원적인 존재의 Needs가 있다. 쉽게 드러나 보일 수도 있고, 단번에 발견되지 않을 수도 있다. 중요한 것은 코치의 '아하!'가 아니라 고객의 '아하!'이다. 코치가 '아하!'를 외치는 순간, '안다'로 인해 호기심이 흐트러지고 고객이 아닌 코치의 이야기로 각색되는 위험에 빠질 수 있다.

  "다이어트가 필요해요."
  "다이어트가 필요한 이유가 뭘까요?"
  "다이어트가 되었다는 것은 당신에게 어떤 의미인가요?"
  "다이어트가 되었다면 어떤 일을 하고 싶으세요?"

②  (목표)

최종 결과로의 결과목표를 이루기 위해서는 과정목표를 이루어야 한다.
과정목표를 이루기 위해서는 수행단계에서의 목표들을 이루어야 한다.

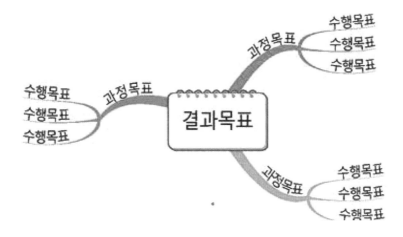

· 정성적 Goal – 가치나 상태
  추상적, 당장 소유 가능, 단계 생략, 측정의 어려움

· 정량적 Goal – 목표나 성과
  구체적, 적정 시간 소요, 절차 단계, 측정이 가능함

> '한 움큼'은 모든 사람들에게 똑같은 단어지만,
>
> 모든 사람들에게 똑같은 양은 아니다.

목표 :

③  (간절함)

· 간절함의 정도(수치화)

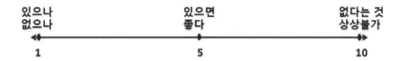

· 얼마만큼 간절하다는 것을 어떻게 아는가?

· 간절함이 어디에서 오는 것인가?

· 가장 간절했을 때 어떤 반응과 행동이 있었나?

· 지금 간절함으로 인해 몸이 보이는 반응과 행동은 무엇인가?

· 생각과 가슴이 만나는 문장으로
  해야 한다는 생각만으로는 원하는 변화와 결과를 만들지 못한다.
  몸이 움직일 수 있도록 먼저 가슴이 뛰는지 물어보자.
  가슴이 뛰는 주제를 정리하여 나만의 방식으로 표현해 보자.

내가 하고 싶은 이야기는...

이 이야기가 나에게 간절한 것은...

주제와 관련된 목표설정은...

도움이 되는 질문

오늘 어떤 이야기를 해 볼까요?

그것에 대해 좀 더 자세히 말씀해주시겠습니까?

당신이 정말로 원하는 것은 무엇입니까?

어떻게 되기를 바라십니까?

원하는 대로 된다면 어떤 기분일까요?

이 주제가 당신에게 얼마나 중요한가요?

이 주제를 중요하게 생각한 계기가 있다면 무엇인가요?

이 주제를 다룬다는 것은 당신에게 어떤 의미인가요?

이 주제를 당신의 말로 정의한다면 무엇인가요?

이 주제를 해결하면 어떤 일이 가능할까요?

이 주제를 해결하면 당신은 어떤 사람이 될까요?

주제와 관련하여 어떤 목표를 세울 수 있을까요?

100점 만점의 모습을 어떻게 설명할 수 있을까요?

현재의 모습은 몇 점 정도인가요?

그 정도 점수에서는 주제와 관련되어 어떤 모습인가요?

어느 정도의 목표를 세우고 싶으신가요?

그렇게 하기 위해서 해야 할 것은 무엇인가요?

해결하고 싶은 gap은 무엇인가요?

무엇을 해결하면 그것을 이룰 수 있을까요?

그것을 위해 선행/선결되어야 할 것은 무엇인가요?

결과목표는 무엇인가요? 과정(수행)목표는 무엇인가요?

목표들의 선후 맥락은 무엇인가요? 어떤 절차가 필요한가요?

(3) 계획(Action Plan, 어떻게)

무언가를 계획한다는 것은 무언가를 위해서 절차를 세우는 것이다. 목표를 위해서 무엇을 어떻게 언제까지 한다는 것으로, 목표에 활동을 더하는 것이고, 명사를 동사로 전환한다는 것이다. 결과목표를 이루기 위해 어떤 과정목표와 수행목표가 필요한가? 목표들을 이루어 가는 절차를 충분히 아는가? 마치 징검다리를 놓듯, 하나의 이야기로 연결하듯 계획을 세우고, 그 계획에 대한 책임을 다하는 것이 중요하다.

결과목표	과정목표	수행목표	소요기간	맥락 – 이전 – 이후

일의 선후가 있고, 동시에 진행되기도 하고, 반드시 선결되어야 할 수 있는 순서가 있다면 표시해 보라. 그래서 이 일이 어떻게 흘러가는지 그리고 어떤 단계들이 필요한지를 점검해 보자.

① 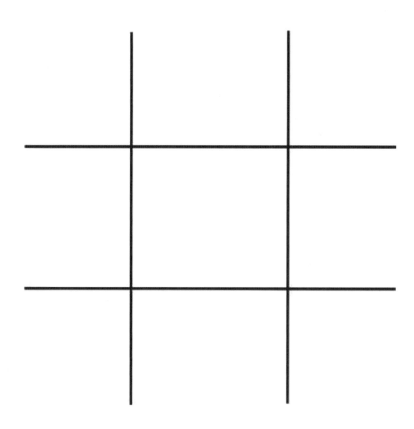 이야기로 만들어라.

좋은 계획은 계획표를 잘 만드는 그 이상이다. 원하는 것을 이루어 갈 로드맵이 자신을 설레게 하고, 실행에 대한 흥미와 기대감을 일으키고 있는지 돌아보자. 여정이 하나의 스토리로 이어질 수 있도록, 이야기는 우리를 모험의 세계로 이끄는 적당한 긴장감을 주고 있는 계획이 바로 좋은 계획이다.

(GAP + Doing + Process)*열정

맨 처음에 놓을 것은?

맨 끝에 놓을 것은?

몇 단계가 필요한가?

맨 끝을 이루기 위한 그 전 단계는?

이것 바로 앞에는?

이것 바로 뒤에는?

주변을 둘러보라.

② (책임자)

· 책임자의 책임감 이야기

　책임감을 가지고

　무언가를 완수했을 때의 이야기

　　– 무슨 일이 있었나?

　　– 어떤 결정들이 있었나?

　　– 결정을 내리기 위한 기준과 자원들은 무엇이었나?

　　– 결정을 내리고 난 후 어떻게 행동했나?

· 자신의 책임은 무엇인가?

　무엇에 반응해야 하는가? ＿＿＿＿＿＿＿＿＿＿＿＿＿＿ .

　어떻게 반응할 것인가? ＿＿＿＿＿＿＿＿＿＿＿＿＿＿ .

　"반응해야 할 것에 바르게 반응할 줄 아는 것"이 책임 ＿＿＿ .

　＿＿＿＿＿＿＿＿＿＿＿＿＿＿＿＿＿＿＿＿ .

· 어떻게 책임질 것인가?

　＿＿＿＿＿＿＿＿＿＿＿＿＿＿＿＿＿＿＿＿ .

　＿＿＿＿＿＿＿＿＿＿＿＿＿＿＿＿＿＿＿＿ .

　＿＿＿＿＿＿＿＿＿＿＿＿＿＿＿＿＿＿＿＿ .

　＿＿＿＿＿＿＿＿＿＿＿＿＿＿＿＿＿＿＿＿ .

· 당신이 가지고 있는 책임감은 무엇인가?

– 어느 올림픽 마라토너와의 인터뷰 –

기자가 쓰러져 있는 그에게 이렇게 물었습니다.
"이렇게 부상을 당하고도 왜 포기하지 않고 뛰었습니까?"

19번째 올림픽이 멕시코에서 끝나는 날이었습니다. 1968년 10월 20일. 마지막 선수가 올림픽 스타디움에 들어온 지 한 시간이 훨씬 넘어가는 순간 한 선수가 절뚝거리며 거의 쓰러질 듯 비틀거리며 들어오고 있었습니다. 그는 아프리카 탄자니아 대표로 참가한 존 스티븐 아쿠와리(John Stephen Akhwari)라는 선수였습니다. 경기 초반에 다른 선수들과 부딪치며 쓰러져 다리를 다쳤던 것입니다. 대기 중이던 의사는 이 상태로는 달릴 수 없다고 만류하였지만 붕대를 감고서도 계속해서 달려왔던 것입니다. 그렇게 마지막까지 달리고서야 쓰러졌던 그는 눈물을 흘리며 대답했습니다.

"나의 조국이 나를 멕시코에 보낸 것은 단지 경기를 출발하라고 보낸 것이 아니었습니다. 그들은 나를 끝까지 완주하라고 보낸 것입니다(My country did not send me to Mexico City to start the race. They sent me to finish)"

무명의 마라토너를 쓰러지고 넘어지면서도 끝까지 달리게 한 힘은 바로 '책임감'입니다. 스티븐 코비는 "책임감이 있을 때에야 주변의 상황이나 자신의 기분과 상관없이 스스로에게 한 약속을 지키고 실천할 수 있다."고 했습니다.

도움이 되는 질문

모든 것이 가능하다면 무엇을 하고 싶은가요?

당신이 지금보다 7배의 용기(배려)가 있다면 무엇을 하게 될까요?

지금 즉시 해결해야 하는 것이 있다면 무엇입니까?

그것을 달성하기 위해 무엇을 하시겠습니까?

다음에는 무엇을 해야 합니까?

여기서 가장 중요한(주의할) 것은 무엇입니까?

어떤 것을 먼저 해보고 싶은가요?

당신이 활용할 수 있는 자원들은 무엇이 있나요? 또?

그것을 어떻게 시작하겠습니까?

언제 그것을 시작하시겠습니까?

목표가 잘 진행되고 있는지 어떻게 측정할 수 있나요?

목표를 달성해 가는 나의 스토리 라인은...

구체적인 각각의 단계들은...

그것을 실행하는 나의 책임과 책임감은...

(4) 자기다움(Your Way 왜)

"너답지 않게 왜 그래?" "나답게 해보는 거야." 살면서 다른 사람에게 혹은 스스로에게 듣게 되는 이야기이다. 나다운 것은 무엇인가? 나다운 것이 정말 나인가? 하는 질문도 함께 해보게 된다. 살면서 수많은 역할과 책임 속에서 우리는 그것에 맞추어 살다 보니, 어느새 나의 본래 모습과 나다움을 잃어버린 채 어디에 속한, 누구를 위한 역할로만 살아가기도 한다. 정말 나로부터 나오는 '나다운 것'은 무엇인가?

① 자기다움 – 나답다는 것은?

```
┌─────────────────────────────────────────┐
│                                         │
│                                         │
│                                         │
│                                         │
│                                         │
│                                         │
│                                         │
│                                         │
└─────────────────────────────────────────┘
```

② 인터뷰 질문

· 과거, 가장 나다웠던 것은 어떤 모습이었나?
· 최근, 가장 나다웠던 순간은 어떤 모습인가?
· 미래, 가장 나다울 수 있는 모습은 어떤 모습일까?
· 나답게 산다는 것은 어떤 의미인가?
· 나답다고 했던 사람들은 나에게서 무엇을 보았을까?
· 우리 가족(자녀)은 나다운 모습을 어떻게 기억하게 될까?
· 나답지 않다는 것은 어떤 모습인가?
· 나답지 않은 모습이 드러나는 순간은 언제인가?
· 만약 나다운 모습을 마음대로 만들 수 있다면 어떤 모습인가?
· 정말 나인가?
· 무장한 모습인가? 변장한 모습인가?

가장 나다울 때 나의 기분은...

가장 나다울 때 나의 행동은...

가장 나다울 때 나의 표정은...

가장 나다울 때 나는 사람들에게...

가장 나다울 때 나는 스스로에게...

· 이전에도 알고 있었던 것은?

· 이번에 새롭게 알게 된 것은?

· 앞으로 얼마나 더 새롭게 알 수 있을까?

· 사명과 어떤 차이가 있는가?

③ (공감)

· 스토리에 얼마나 공감이 되나?

· 내가 공감이 되는 것은?

· 남이 공감하는 것은?

· 공감을 주고 싶은 대상과 공감할 것

cf. 공감은 있다는 것을 발견하는 능력이다.
    거기에 무엇이 있는지, 어떻게 존재하는지.

④ ▦ (탁월성)

· ～을 더(+) 한다면?

· ～을 제(-) 한다면?

· ～을 3/6/9 배로 늘린다면?
  그룹으로 확산한다면?

· ～을 3/6/9 배로 나눈다면?
  짐(부담)을 여럿이 함께 나눈다면

도움이 되는 질문

오늘 이야기한 것을 정리해주시겠습니까?

오늘 대화에서 배운 것, 느낀 것, 실천할 것은 무엇입니까?

다음에 만날 때까지 무엇을 할 계획입니까?

한 주간 당신의 책임은 무엇인가요?

한 주를 보내고 나서 실행한 결과를 1-10중 몇 점으로 예상하시나요?

10점의 성과를 이룰 수 있도록 하려면 뭐가 필요할까요?

다음 만남은 언제로 정할까요?

이것을 실행할 때 나답게 한다는 것은 어떤 모습일까요?

나답게 한다고 할 때 새로 생각나는 것이 있습니까?

나답게 잘하고 있다는 것을 어떻게 알 수 있나요?

나만의 방식을 만들기 위해 어떤 것이 도움이 될까요?

자신의 방식대로 걸어가는 스스로에게 어울리는 형용사는 무엇인가요?

"코칭의 공간" 정리

지금까지 정리된 나의 이야기를 들려준다.

정리된 나의 이야기를 나만의 코칭 책으로 만든다.

그리고 발표한다.

무엇에 공감하는지, 잘 하고 있는지.

(5) 균형(Balance, 어디)

자신의 변화와 성장은 더할 나위 없이 자신에게는 큰 선물이고 축복이라고 할 수 있다. 하지만 갑작스러운 변화는 자신의 안과 밖에 저항과 불편을 불러오기도 한다. 변화와 성장을 위한 새로운 시도나 더 많은 시간의 소요는 나름대로 균형을 맞추어 오던 기존의 삶에 흔들림을 주는 것이다. 어떻게 자신의 안과 밖의 균형을 이룰 것인가? 조직과 공동체의 수많은 역할들과 어떻게 조율을 해나갈 것인가?

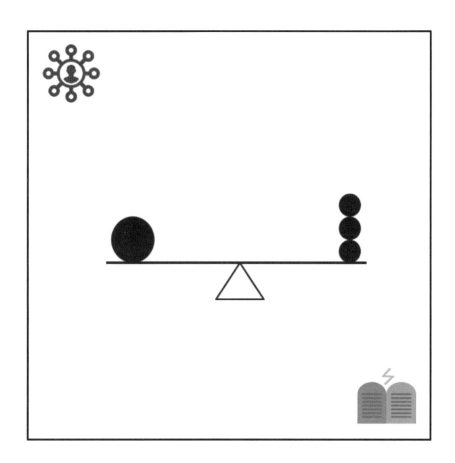

①  (사명)

cf. 사명은 나의 삶에 균형감각을 가져다준다.

② 사명은 내 삶의 중심을 어떻게 잡고 있나?

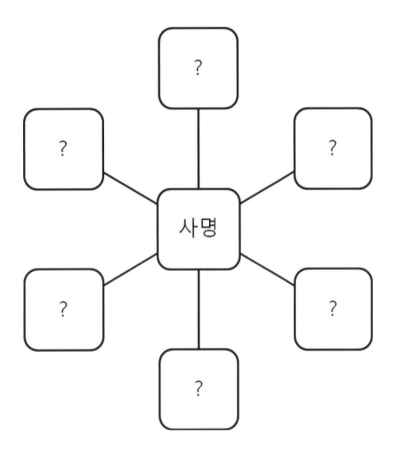

cf. 균형과 조화는 산술적으로 이루어지는 것이 아니다.
모빌처럼 흔들리더라도 균형과 조화를 이루게 하는 힘이 사명이다.

③ ⚙ (역할)

역할의 균형

역 할	대상	활동

④ 역할의 수레바퀴

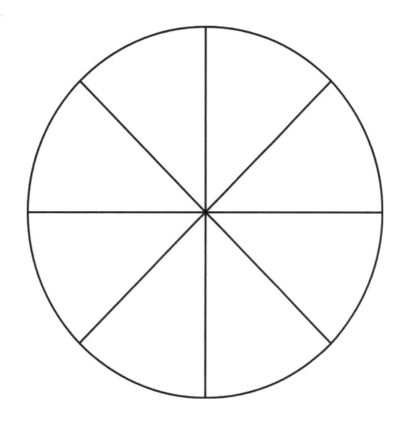

cf. 균형 감각 = 사명 감각

(6) 지속(Sustain ability, 언제)

개인의 변화와 성장은 한 번에, 짧은 시간 안에 이루어지지 않는다. 계속해서 변화와 성장을 유지하기 위해서는 지속가능한 힘과 시스템을 갖추어야 한다. 무엇이 이 변화와 성장을 지속할 수 있도록 힘을 불어 넣어주고 끊임없는 에너지원으로 사용할 수 있을까? 또한 혼자서 이루어가는 것이 아니라 자원을 발굴하고 협력자를 세우면서 삶과 조직 안의 시스템을 어떻게 구축할 것인가에 대한 방안이 필요하다.

① 💎 지속하기 위해 다루거나 개발해야 할 개인의 역량

· 역량

어떤 일을 해낼 수 있는 힘이나 기량

계획한 것을 실행, 유지해 나갈 수 있는 고객만의 독특한 행동특성

· 인지적인 역량

· 실행적인 역량

· 관계적인 역량

· Self Awareness

내가 보유한 역량은?

내가 발휘하는 역량은?

② 지속가능한 시스템(후원환경)

· 환경 : 계획한 것을 실행, 유지하도록 지원하는 후원환경 조성

순풍적인 환경

역풍적인 환경

최적화된 환경

· Alarm System(피드백을 주고받는 시스템)

피드백을 주는 방법

피드백을 받는 방법

(7) 4가지 점검

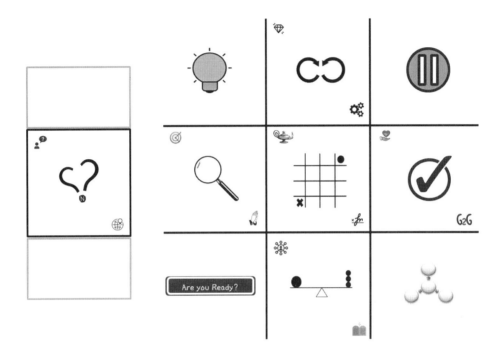

네 모퉁이가 하는 말은?

· 둘씩 짝을 지어 보자. 한 사람은 A, 다른 사람은 B이다.

· A는 그림 중에서 2가지를 골라 한 가지씩 B에게 물어본다.

· B는 그림을 보고 떠오르는 대로 A에게 설명한다.

· B가 A에게 선택하지 않는 2가지를 질문하고, A가 B에게 설명한다.

① 준비

Are you Ready?

코치와 고객의 준비

· 코칭에 들어감

 무엇이 준비되었나?
 무엇이 어떻게 달라졌나?
 그것이 지금 우리(자신)에게 어떤 영향을 주나?

· 일상에 돌아감

 무엇이 준비되었나?
 무엇이 어떻게 달라졌나?
 그것이 지금 우리(자신)에게 어떤 영향을 주나?

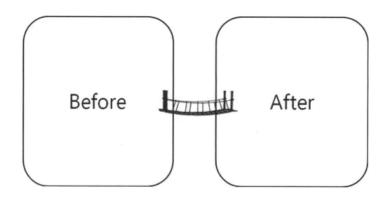

※ 준비되지 않은 시작은 뚜껑을 열지 않은 그릇에 밥을 담으려는 것과 같다.

② 멈춤(Pause)

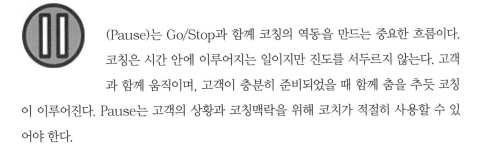

(Pause)는 Go/Stop과 함께 코칭의 역동을 만드는 중요한 흐름이다. 코칭은 시간 안에 이루어지는 일이지만 진도를 서두르지 않는다. 고객과 함께 움직이며, 고객이 충분히 준비되었을 때 함께 춤을 추듯 코칭이 이루어진다. Pause는 고객의 상황과 코칭맥락을 위해 코치가 적절히 사용할 수 있어야 한다.

· 언제 Pause 하는가?
· 얼마나 Pause 해야 하나?

③ 공유

공유는 고객의 배움과 성찰을 극대화하기 위한 것이다. 오늘의 배움과 일상에서의 배움을 자신의 삶으로 끝나는 것이 아니라, 계속해서 흐름을 만들어 갈 수 있도록 돕는 것이다. 깨달음을 공유할 수 있는 시스템을 만들어 주는 것이다. 마치 고객의 삶이 책이 되어 누군가에게 읽히듯 자신의 깨달음을 함께 공유하고 읽어주는 사람, 변화와 성장의 여정에 함께 참여하며 증인이 되어 줄 사람을 만드는 것이다.

· 무엇을 공유하고 싶은가?
· 누구와 공유하고 싶은가?
· 어떻게 공유하고 싶은가?

④ Aha!

· 코치는 고객의 Aha point에 민감할 필요가 있다.

고객이 '아하!'를 하는 순간은 이전에서는 알 수 없었거나 혹은 무언가 다르고 새로운 것을 보거나 느끼거나 깨닫게 되었다는 것을 의미한다. 중요한 변화의 시작이다. 사람의 변화는 새로운 생각을 깨닫는 것만으로 이루어지지는 않는다. '아하!'와 함께 시작된 깨달음을 구체적으로 말로 정리하고 표현하는 것, 그리고 자신이 선포한 그 말을 실행으로 옮기는 것을 통해서 이루어진다. 고객의 아하는 실행의 공간을 만들어갈 고객에게 중요한 에너지원이 된다. 아하로부터 할 것을, 그리고 하루를 정리하면서 한 것을, 거기에서 오는 배움을 매일매일 일지로 작성한다.

· Aha! → 5W1H

Aha! _____.

· 행동할 것은? **할 것** _____.

· 행동한 것은? **한 것** _____.

· 오늘의 배움은? **배 움** _____.

코치는 고객에게 강력하게 요청할 것 중의 하나가 이 과정이다.

매일 짧게 3가지를 적어서 세션 전에 코치에게 보낼 것을 요청하라.

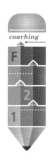

◈ 모듈 1을 정리해 봅시다.

    * 배운 것

    * 느낀 것

    * 실천할 것

Module 2.
코칭큐브 W.A.Y. 모델의 실습

학습목표

이 과정을 학습하고 나면

① 코칭모델을 활용하여 코칭에 적용한다.

② 코칭모델을 그룹세션에 활용한다.

③ 코칭모델과 교구를 능숙하게 다룬다.

1) 코칭큐브와 놀이

(1) 스무고개 코칭

시간 : 대략 20-30분 내외
도구 : 질문코인 20개, 경청아이콘 10개,
         아하 카드, W.A.Y.보드

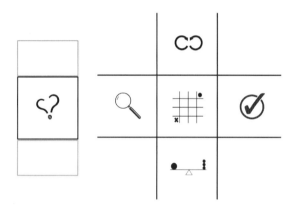

① W.A.Y.보드는 위의 그림처 럼 각 단계마다 육하원칙의 주제가 담겨 있다. 고객(상 대방)에게서 코칭의 주제와 목표, 실행계획과 이유를 발 견하고 그것을 육하원칙에 따라 구체적으로 서술할 수 있도록 돕는 것이 스무고개 코칭의 목적이다.

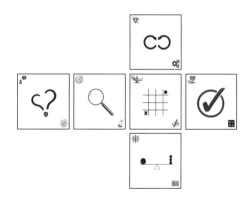

② 보드 위에 20개의 질문코인을 코치의 전략과 패턴에 따라 적절하게 배치한다. 각각의 영역에 놓인 질문코인은 질문이 다루어지지 않은 영역에서는 서로 교환할 수 있다. 하지만 한 번이라도 질문이 시작된 영역의 코인은 바꿀 수 없다.

③ 질문하는 단계는 코치의 필요에 따라 자유롭게 넘나들 수 있다.

④ 해당 영역의 질문코인을 다 사용했지만, 아직 고객의 해답이 명료하지 않고 질문이 더 필요한 경우에는 질문코인을 뒤집어 다른 색이 보이도록 한다.

⑤ 해당 영역에서 질문코인이 남게 될 경우에도 코인을 뒤집어 다른 색이 보이도록 하고, 다른 영역에서 사용할 수 없다.

⑥ 질문을 받은 고객(상대방)은 성실하게 답을 한다. 코치가 관련된 사항을 구체적으로 듣고자 할 때 '조금 더 구체적, 자세하게'를 요청할 수 있다. 이 경우는 질문코인 개수에 들어가지 않는다.

⑦ 스무고개를 마치면 고객에게 아하! 카드를 작성하도록 요청한다.

⑧ 점수계산은 다음과 같다.

- 주제와 연관된 육하원칙을 만족하는 구체적인 실행계획이 나왔다.
- 20개의 질문에 잘 맞추었다. (모자라거나 남지 않았다.)
- 각 영역에 질문코인을 잘 배치하였다. (모자라거나 남지 않았다.)
- 고객(상대방)의 생각과 의식이 확대되었다.
- 코치가 고객의 말을 적극적으로 경청하면서 질문하였다.

(2) 황금 메달을 잡아라!

　　시간 : 대략 20-30분 내외
　　도구 : 질문코인 20개, 경청아이콘 10개,
　　　　　 아하 카드, W.A.Y.보드

① W.A.Y.보드의 각각의 영역에는 해당되는 미션이 있다. 삶의 자리와 정체성, 초점이 맞추어진 목표, 육하원칙에 따른 실행계획, 자기다움, 지속할 수 있는 아이디어, 균형을 잡을 기준, 그리고 종합적인 깨달음과 실행하기로 한 약속이 그것이다.
② 20개 혹은 30개의 질문코인을 활용하여 각각의 영역에서 고객이 미션을 수행할 수 있도록 돕는 것이다. 질문을 한다는 것은 질문 코인을 사용한 것이다.
③ 각각의 영역과 단계는 코치의 필요에 따라 자유롭게 넘나들 수 있다.
④ 각각의 영역에서 사용할 수 있는 최대 질문코인의 수는 10개이다. 필요시 더 사용할 수 있지만, 10개가 넘어갈 경우 한 개의 질문은 2개의 질문코인이 필요하다.
⑤ 중요한 것은 질문코인을 남기는 것보다 황금 메달을 획득하는 것이다.
⑥ 질문을 받은 고객(상대방)은 성실하게 답을 한다.
⑦ 마지막 1개의 질문코인으로는 고객에게 '아하! 카드'를 작성하도록 요청한다.
　　- 고객이 코칭세션을 통해서 새롭게 깨닫고, 배우고 느낀 것과 함께 주제와 관련하여 실행할 행동계획
⑧ 점수계산은 다음과 같다.
　　- 6개의 보드미션과 아하! 카드 기록이 잘 수행되었다.
　　- 정한 개수의 질문을 잘 활용하였다. (모자라거나 남지 않았다.)
　　- 고객의 생각과 의식이 확대되는 질문을 하였다.
　　- 코치가 고객의 말을 적극적으로 경청하였다.(말로 표현되지 않았어도)

2) 코칭큐브와 실습

(1) 개인에게 적용

(2) 그룹/팀에 적용

◈ 모듈 2를 정리해 봅시다.

* 배운 것

* 느낀 것

* 실천할 것

책 만들기 표지자료

책임　·＿＿＿＿＿＿＿＿＿＿＿＿＿·

관리1　·＿＿＿＿＿＿＿＿＿＿＿＿＿·

관리 2　·＿＿＿＿＿＿＿＿＿＿＿＿＿·

20　　．　　．(계획종료일)

• My Life, My Story

·＿＿＿＿＿＿＿＿＿＿＿＿＿·

·＿＿＿＿＿＿＿＿＿＿＿＿＿·

·＿＿＿＿＿＿＿＿＿＿＿＿＿·

20　．　．

책 만들기 내지자료(1-2)

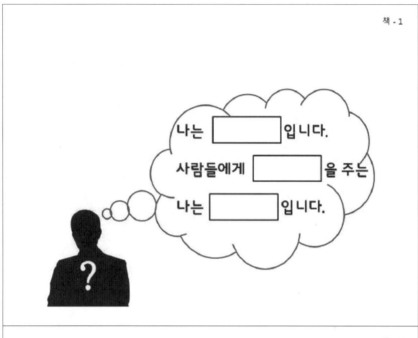

책 만들기 내지자료(3-4)

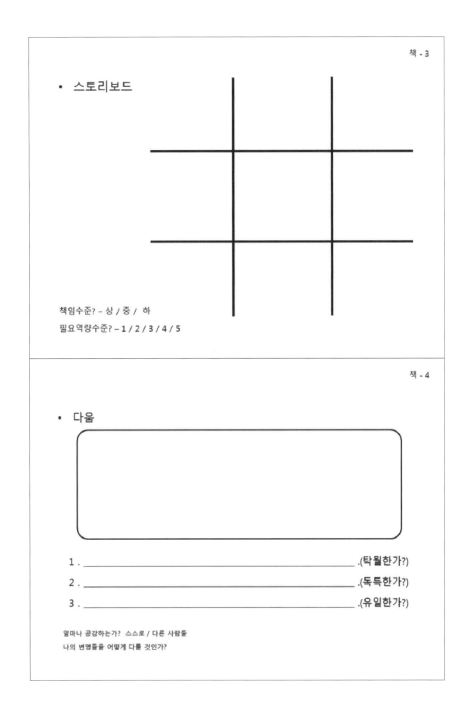

책 - 3

• 스토리보드

책임수준? - 상 / 중 / 하
필요역량수준? - 1 / 2 / 3 / 4 / 5

책 - 4

• 다움

1. _____ .(탁월한가?)
2. _____ .(독특한가?)
3. _____ .(유일한가?)

얼마나 공감하는가? 스스로 / 다른 사람들
나의 변명들을 어떻게 다룰 것인가?

책 만들기 내지자료(5-6)

- 나의 사명

  - _____ .
  - _____ .
  - _____ .

- 역할의 중요 활동

  할 것   /   하지 말 것

  - _____ .
  - _____ .
  - _____ .

- 개발할 역량

  인지 . _____ .

  관계 . _____ .

  실행 . _____ .

- 시스템

  - 순풍과 역풍을 힘으로 활용할 나만의 협력 시스템은 무엇인가?

  - 지속할 수 있도록 피드백을 주는 시스템은 무엇인가?